FROM LOST
TO THE RIVER

Colección: Licenciado Vidriera. Serie Gráfica, 15

Rodríguez, José (Pepe Rodri de Ampuero)
From Lost To The River / Pepe Rodri de Ampuero - Valladolid: Ediciones Universidad de Valladolid, 2025

170 p.; 22 cm - (Licenciado Vidriera. Serie Gráfica; 15)
ISBN: 978-84-1320-363-8

1. ilustraciones imágenes, etc. I. Rodri de Ampuero, Pepe
II. Universidad de Valladolid, ed.

(084)

FROM LOST TO
THE RIVER

Pepe Rodri de Ampuero

EDICIONES
Universidad
Valladolid

Licenciado Vidriera

© Pepe Rodri de Ampuero, 2025
  Ediciones Universidad de Valladolid

Imagen de portada: Pepe Rodri de Ampuero
Maquetación interior: Karter

ISBN: 978-84-1320-363-8
Depósito Legal: VA-516-2025

Preimpresión: Ediciones Universidad de Valladolid
Imprime: PODIPRINT - España

FROM LOST
TO THE RIVER

...Y OTRAS FORMAS

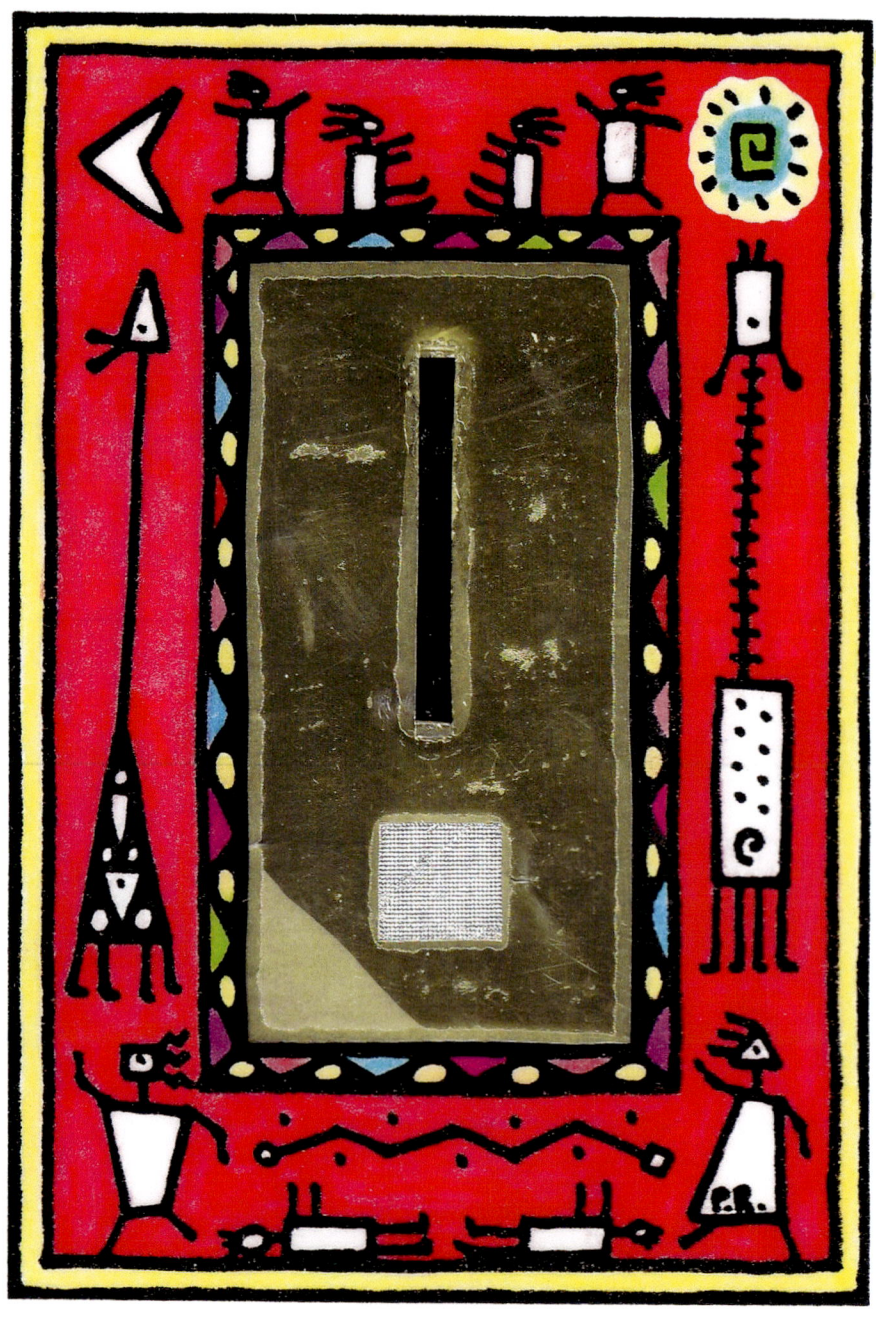

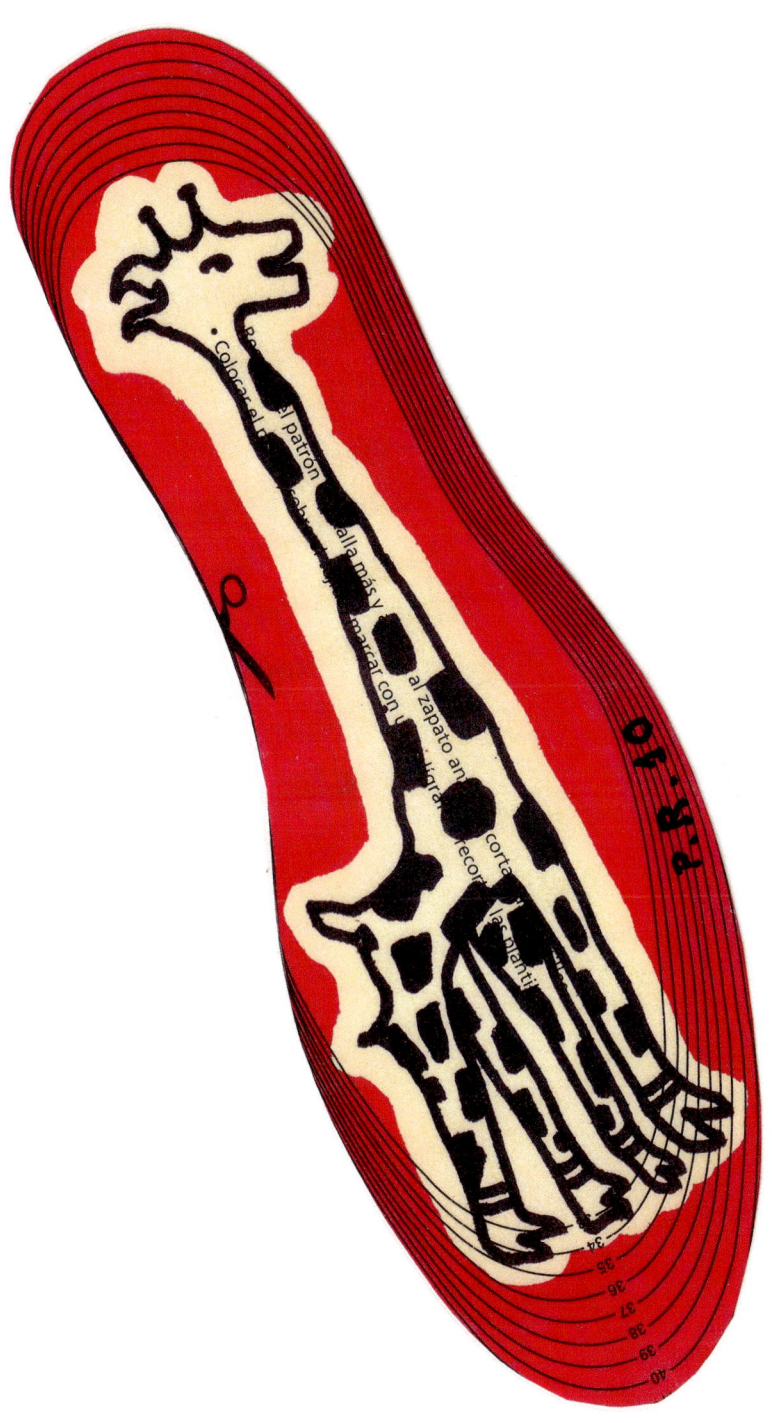

25

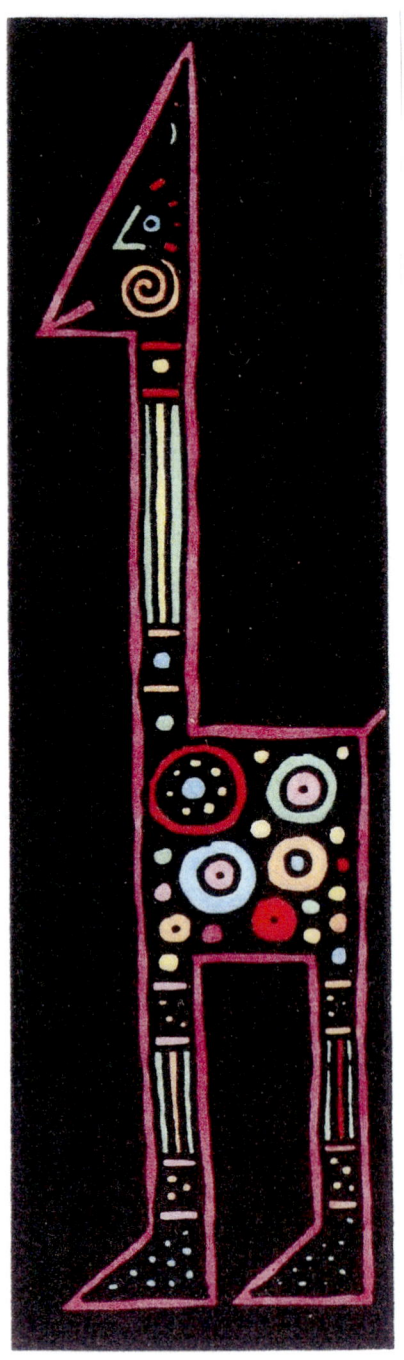

From lost to the river

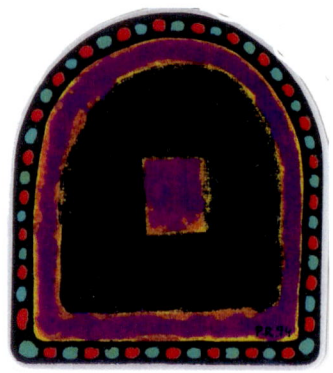

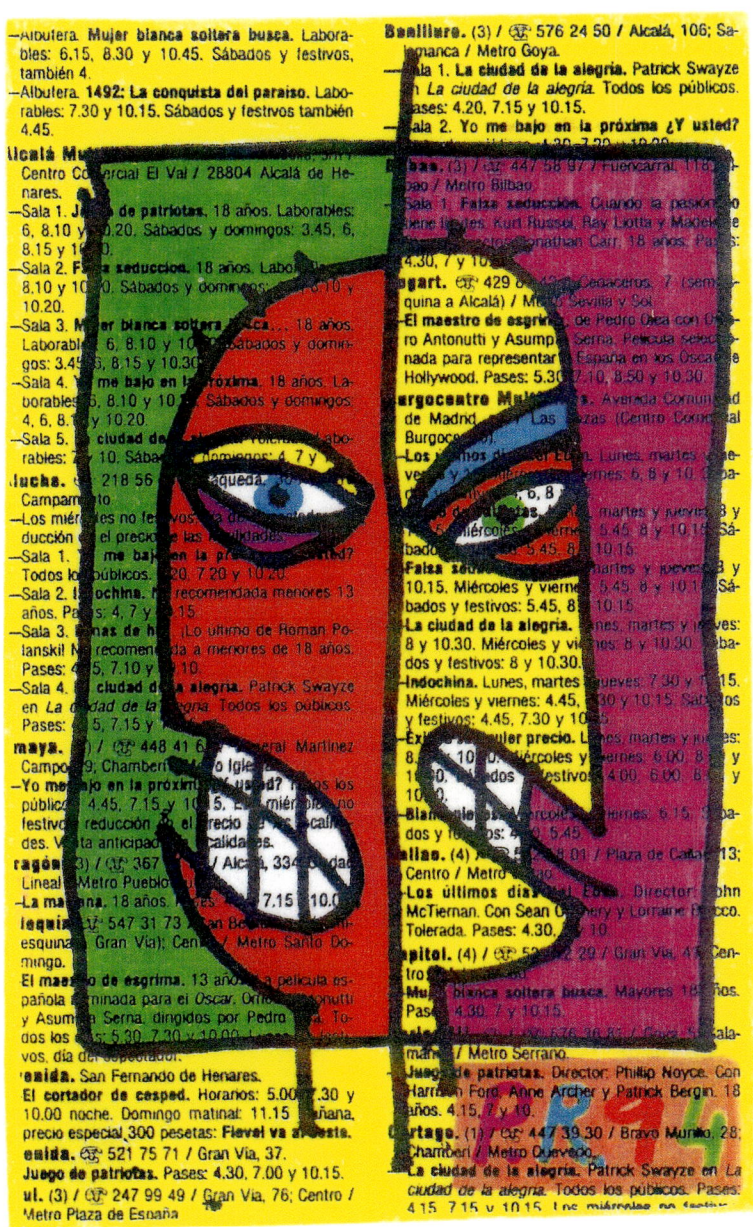

44

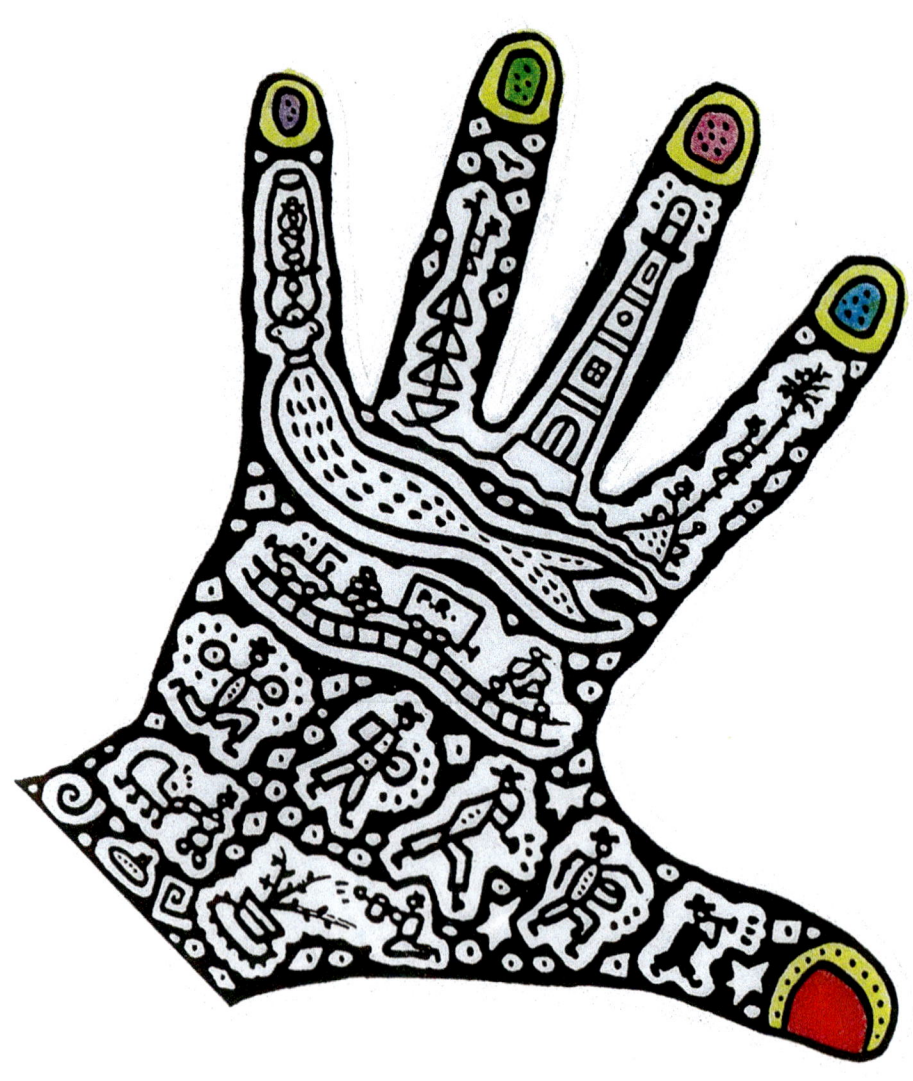

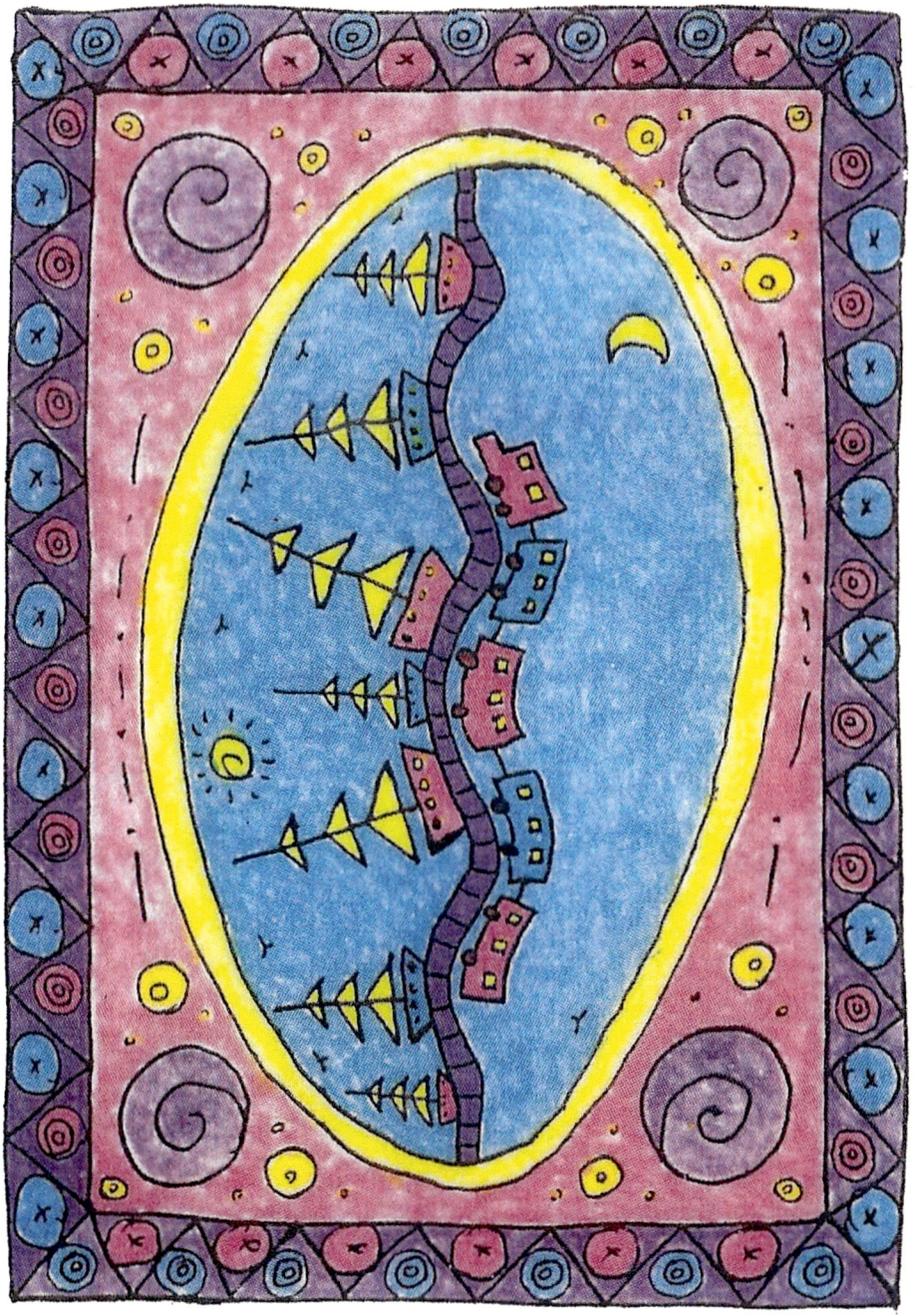

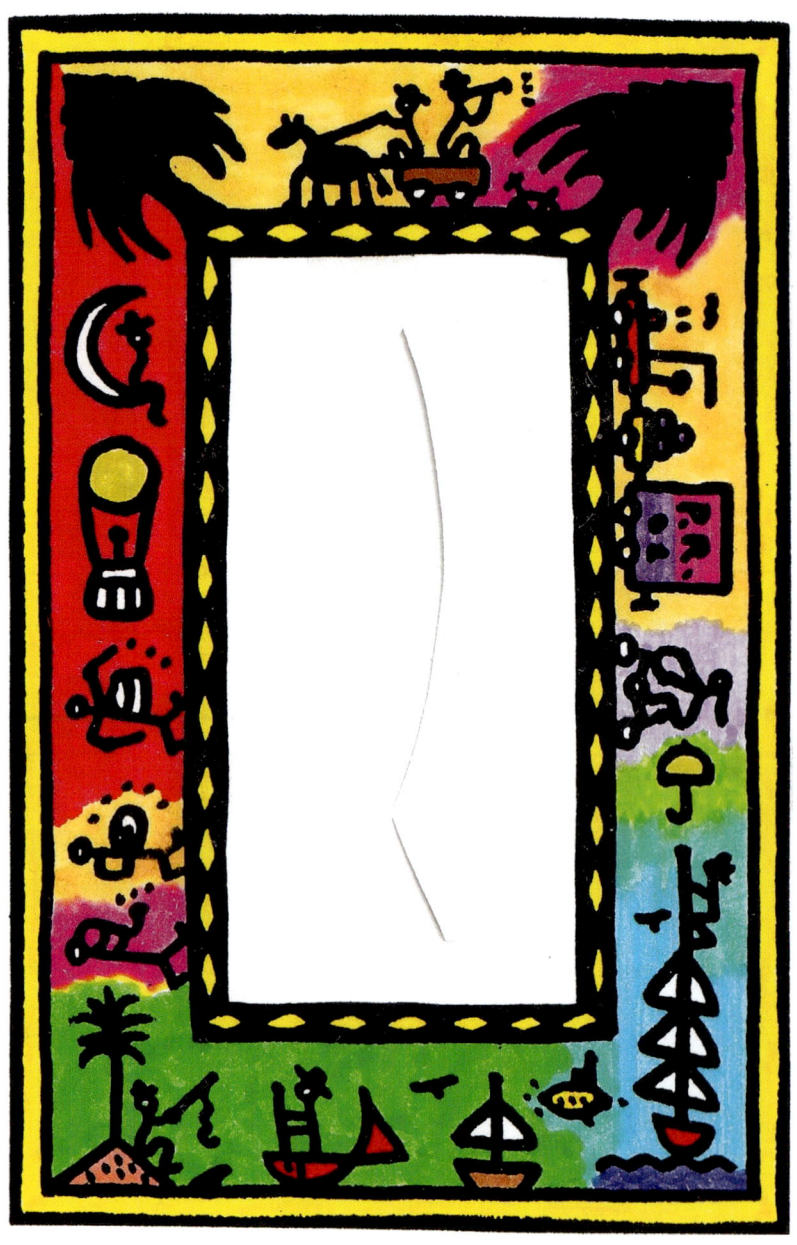

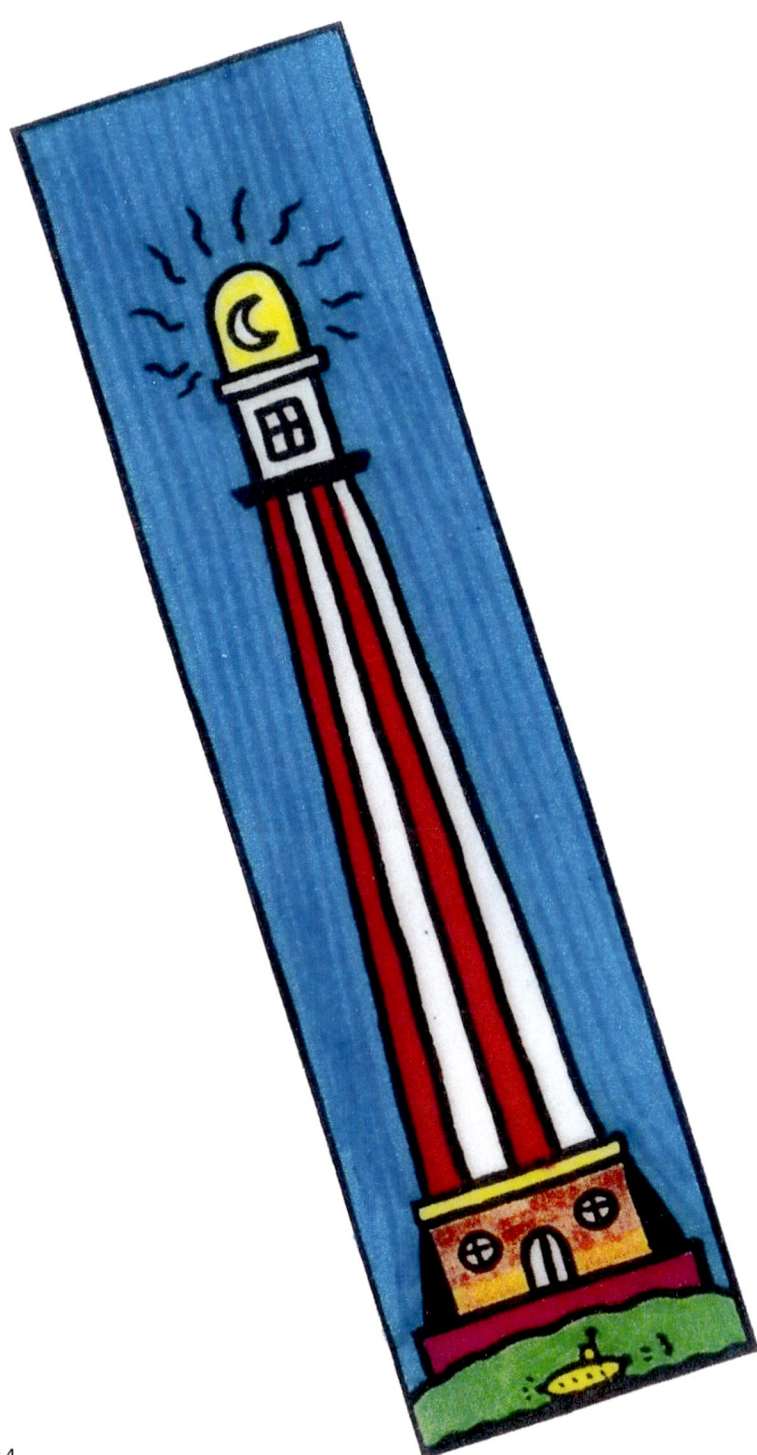

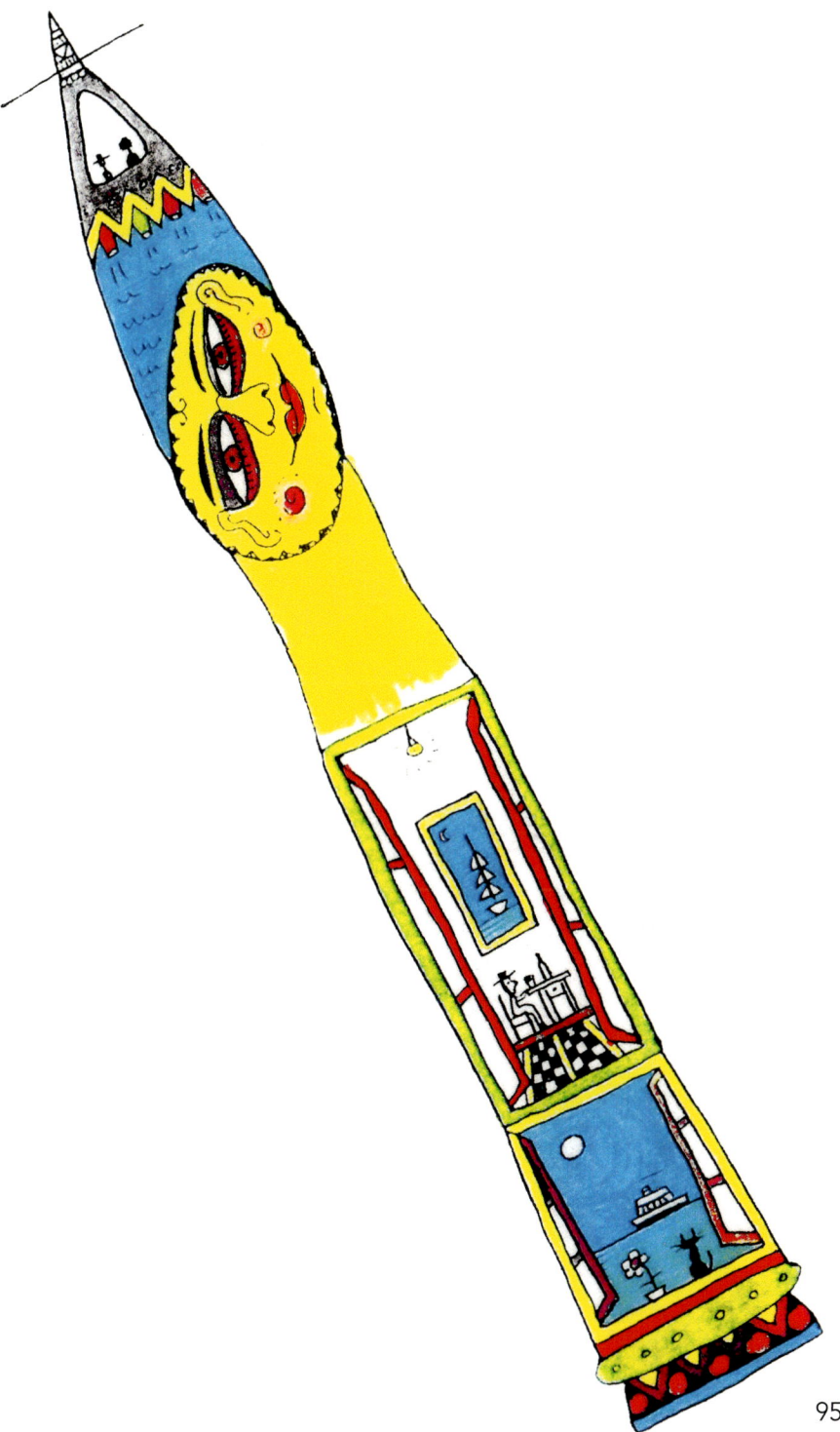

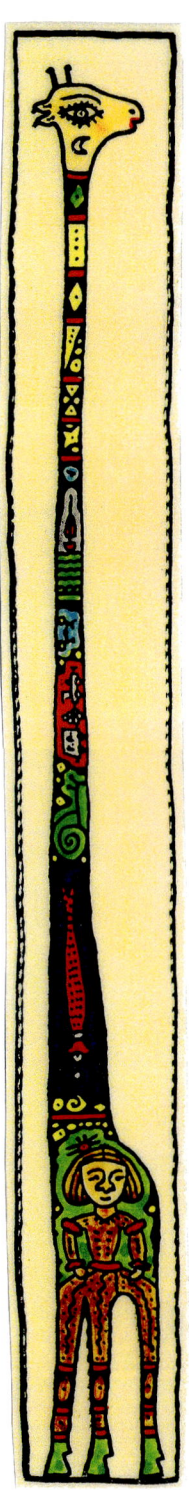
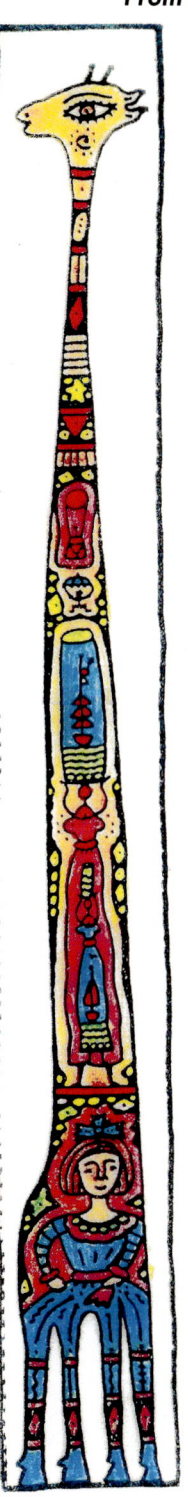

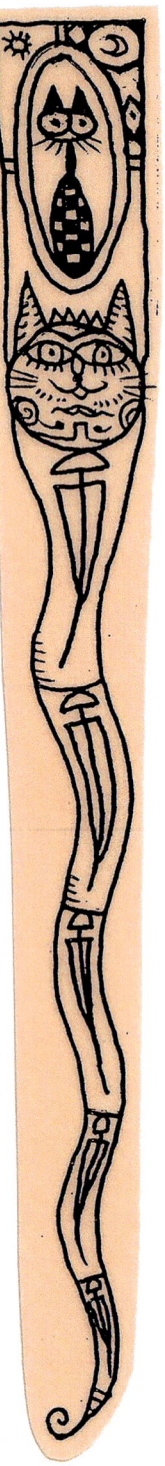

FLAMENCO

NEGRO SOBRE BLANCO

151

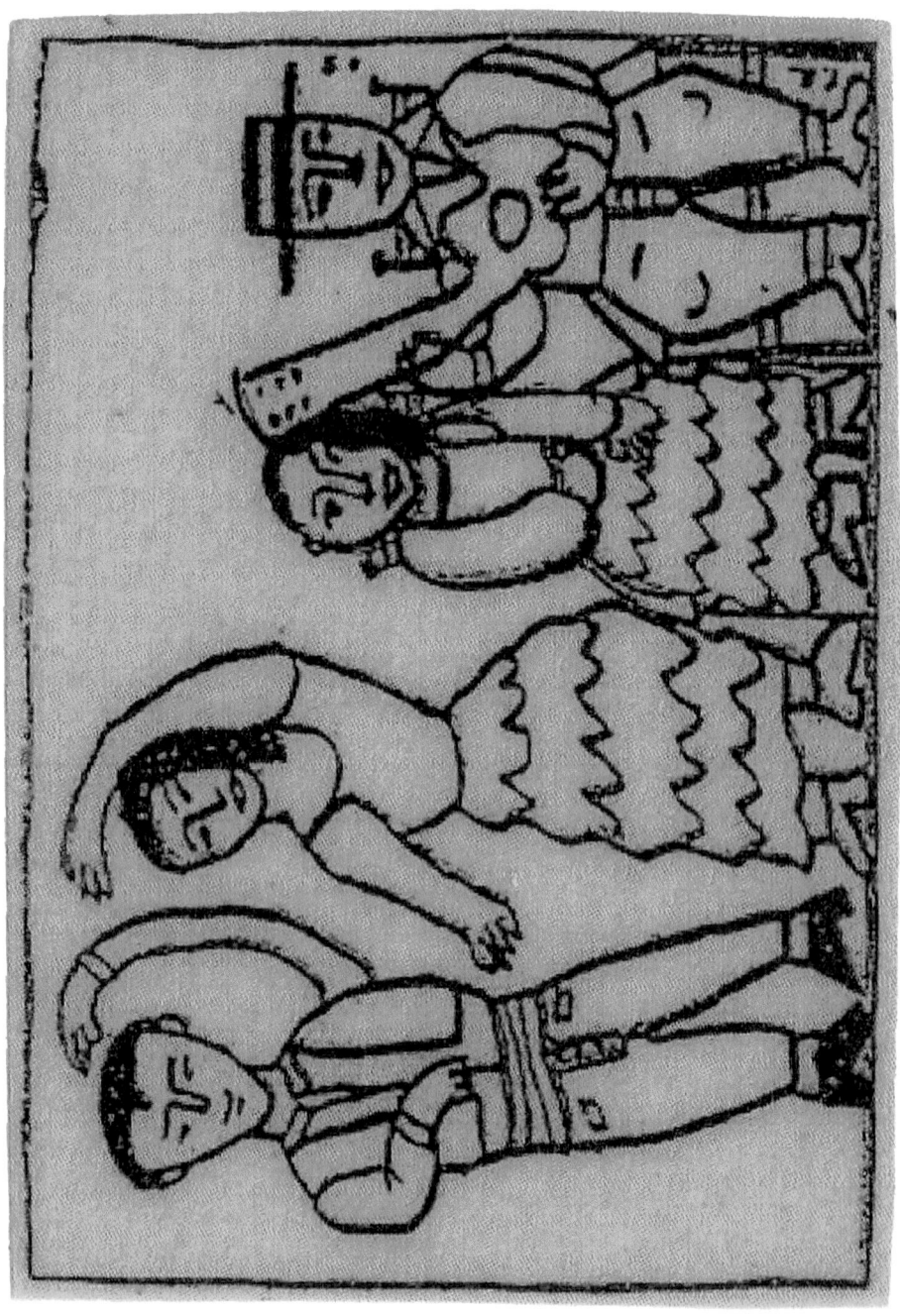

POSFACIOS

por

Clara Ponte, Jesús Vidal y A.J.K.A

Laberintos para una tribu

Por Clara Ponte
Periodista y editora en Salto al Vacío Editorial

Calificar el trabajo de Pepe Rodríguez como tribal sería simplicar. Lo parece por su minuciosidad, su simbolismo y su magia. Pero este artista es la mano creadora de una tribu propia, en la que conviven animales y personas que solo respiran los aires del sueño del autor.

Los dibujos de Pepe Rodríguez son como un laberinto de caminos perfectamente engarzados, donde la vista puede extraviarse en un pestañeo, para volver de nuevo al punto de partida y descubrir otro itinerario alternativo.

Este personalísimo autor utiliza cualquier soporte para dar vida a sus personajes: de la madera a las cajas de cartón, de la página de un periódico a una bandeja de pasteles, del envoltorio plateado de un caramelo a una caja de cerillas.

Todo sirve en este encaje de bolillos gráfico, donde cada figura se deslíe con la anterior hasta conformar extraños cuerpos redondeados, sugerentes y burlones.

En su juego de formatos, Rodríguez aprovecha para configurar desproporcionadas figuras. De base mínima y altura extrema, crecen hacia alguno de los soles y lunas a los que suele recurrir el autor, como mujeres jirafa de alguna de esas tribus lejanas.

Con esquema más simple, muestra su peculiar faceta de paisajista, en un juego de espejos que de nuevo despista al espectador entremezclando la imagen real y la reflejada, la ciudad y su revés.

Y es que el dibujo del artista reclama la convivencia de contrarios, demostrando cómo las piezas de un puzzle pueden encajar a pesar de ser totalmente diferentes. Así, la luna no es más que un marco para el sol conviviendo en el mismo cielo; los animales nacen de la mixtura de diferentes especies; los cuerpos no son individuales, sino la suma de otros que recorren sus entrañas, como una especie de matrioska.

En este juego de convivencias, Rodríguez es también capaz de reducir su meticuloso trazo para dibujar la mínima diferencia que distancia la felicidad de la tristeza. Las dos caras del espejo dependen solo de un ligero desnivel. Y aunque le hubiera bastado con la dualidad del blanco y negro para crear su tribu, el autor se arriesga a colorear para que crezca la magia.

Ciudades escondidas

Por Jesús Vidal

En las obras de Pepe Rodríguez aparecen ciudades de arquitecturas peculiares, bailarinas, brujas, gatos, toros y otros elementos igualmente enigmáticos

Los formatos en los que se muestran estas figuras son muy variables. Su tamaño puede oscilar entre una caja de cerillas y un óleo de un metro cuadrado.

A pesar de la aparente diversidad de las obras, hay un nexo que las une a todas. Están habitadas por una población de pequeños seres oníricos, perfilados como miniaturas, que sobrevuelan los intrigantes escenarios. Por todas partes aparecen músicos, gondoleros y ciclistas que observan con ironía la realidad representada y confieren a la imagen una densa vitalidad. Todos esos seres minúsculos, junto con soles y lunes, consiguen hacer real la naturaleza inmaterial de los escenarios.

Los cuadros son el fruto de una mirada tan optimistas, primigenia y vitalista como la mirada infantil. La firma de la mayoría de las obras se haya curiosamente estampada en un pequeño tren, que constituye una alegre alegoría del paso del tiempo.

Las obras se hayan envueltas en una explosión de colores vibrantes y primitivos, por lo que emana de ellas, a pesar de su dinamismo expresivo, una extraña sensación de calma y felicidad.

Retazo de cosmos

Por Ahmed Jabbar Khaled Akbar

Sobre blanco -lienzo de la nada-
un negro rizoso rizado
incluso turbulento
casi cristal de humo
enmarca la serena
divisoria del agua:

Transida de suspiros de viento
mece gemas y colores
o sinuosos senderos
que menean y flotan
la góndola chinesca
las relajadas velas
el vaporoso barco
con oceánicos viajeros
que sienten y buscan
que imaginan y encuentran
las perlas bruñidas
los palacios de azúcar y crema
que hablan con el sol y la luna
sobre la vida que anhelan:

Un remanso de cosmos
a trazos nada suspendido.